DYNAMOMENTE

Die Aufstiegssaison in Bildern

IMPRESSUM

Fotos: Robert Michael, außer S. 7 Daniel Klein, S. 108 Dennis Hetzschold und S. 60 u./61 u. Franziska Päßler
Texte: Tino Meyer . Lektorat: Enrico Bach
Satz und Gestaltung: Torsten Mix . Dresdner Verlagshaus Technik GmbH
Druck: Elbtal Druck und Kartonagen GmbH

ISBN: 978-3-943444-61-2

DYNAMOMENTE
Die Aufstiegssaison in Bildern

Mit Fotografien von Robert Michael
und Texten von Tino Meyer

FUSSBALLER, TORE, FANS, EMOTIONEN **– EINFACH DYNAMO!**

Ein Rückblick auf die Saison 2015/2016 von Dynamo Dresden lässt mich in gelebten Träumen verweilen: Meine Erinnerungen an Emotionen, Siege, Jubel, Enttäuschungen, Wut und Ausraster in vollkommener Ekstase sind in den Fotografien von Robert Michael zum Greifen nah.
Mit seinen FAN-tastischen Aufnahmen ist es Robert gelungen, die Fans von der Tribüne oder vor dem Fernseher abzuholen und sie mitten hinein ins Geschehen mitzunehmen – und diese besonderen Eindrücke für die Ewigkeit festzuhalten. Seine Position hinter der linken Eckfahne der gegnerischen Hälfte mit Fokus auf den Torschützen und die jubelnde Mannschaft war für mich ein großer Anreiz, meinen Emotionen freien Lauf zu lassen. Aber Roberts Fotografien sind eben mehr als nur Jubel-Bilder: Sie zeigen Szenen, die nicht nur die entscheidenden Tore festhalten, sondern auch ihre Entwicklung und die herausragende Mannschaftsleistung bis zum eigentlichen Torschuss.
Die Dynamo-Saison 2015/2016 war bereits ab dem 3. Spieltag fokussiert auf den Aufstieg in die 2. Bundesliga. Anstrengung, Schmerz, Hoffnung, die gemeinsame Leistung von Fans, Mannschaft und Verein charakterisieren unseren Erfolg: unangefochten auf Platz eins, Aufstieg bereits am 34. Spieltag gegen den Erzrivalen, Meister mit einem Vorsprung von acht Punkten und das Treffer-Rekord-Duo der 3. Liga – eine Bilanz, die in die Geschichte Dynamos und in meine persönliche Karriere eingeht.
Dank der künstlerischen Leistung von Robert existieren meine schönsten drei Tore der Meister-Saison gegen Bayern München, den Chemnitzer FC und die zweite Mannschaft des FSV Mainz nicht nur in meinen Erinnerungen. Er hat sie auch für alle Fans, Begleiter, Familien, Freunde und die gesamte Dynamo-Gemeinde in leidenschaftlichen Bildern festgehalten.

Den Fans etwas zurückgeben, das schaffe ich hoffentlich nicht nur mit meinem zeitlosen und von Robert in Fotos festgehaltenen Dynamo-Tattoo, sondern auch dank der besten Bilder der Saison 2015/2016.
„Der Fotograf hinter der linken Eckfahne“ als fester Bestandteil des Fußballspiels und des Erfolgs – auch das ist Dynamo!!

Euer Pascal Testroet

DYNAMOMENTE,
DIE IN ERINNERUNG BLEIBEN

Tore, Siege, Rekorde – selten hat Dynamo so begeistert wie in der Aufstiegssaison 2015/2016. Ein rauschendes Jahr mit großen Emotionen, aber auch stillen Augenblicken.

Das Spiel wogt hin und her. Noch drei, vier Minuten, noch ist nichts entschieden. Und dann geht alles ganz schnell: Flanke, Ablage, Schuss, Tor, Führung. Plötzlich explodiert das Stadion, die Menge tobt, die Mannschaft erst recht. Jetzt gibt es kein Halten mehr, weder auf den Rängen noch bei den Spielern. Nach und nach jagen sie dem Torschützen hinterher, reißen ihn zu Boden, werfen sich aufeinander. Marco Hartmann, Marvin Stefaniak, Stefan Kutschke, Justin Eilers, Niklas Kreuzer, Michael Hefele, Giuliano Modica, ganz oben Fabian Holthaus, untendrunter Robert Andrich – und direkt vor ihnen eine Kamera, Weitwinkel, 24 Millimeter Brennweite. Denn der Mann an der linken Eckfahne hat schon auf sie gewartet. 30, 35 Mal klickt sein Auslöser am Spielfeldrand, tausendfach die Handys der Zuschauer. Eines der Bilder der Aufstiegssaison ist im Kasten, es ist einer der ganz besonderen Dynamomente auf dem Weg in die zweite Liga – und das Titelbild dieses Buches.
Dass Dynamo praktisch im Gegenzug den Ausgleich hinnehmen muss in diesem Ostduell gegen Hansa Rostock, dass es das dritte Unentschieden hintereinander wird und damit für die kritische Öffentlichkeit so etwas wie eine Mini-Krise, dass Torschütze Andrich nicht mehr als eine Nebenrolle spielt in dieser überaus erfolgreichen Saison – alles vollkommen egal in diesem Moment, der zu den emotionalsten gehört. Genauso wie Aias Aosmans ekstatischer Tritt gegen die Eckfahne im Anschluss an sein 2:1 im Erfurt-Spiel. Oder Pascal Testroets Ritt auf eben dieser Flagge nach dem Siegtor gegen Chemnitz. Ralf Minges Siegerfaust in Magdeburg, die XXL-Blockfahne der Ultras, Tim Väyrynens Schrei des Entsetzens gegen Kiel, die Schweigeminute für den im K-Block verstorbenen Fan, Justin Eilers' Abschiedstränen, die Bierdusche für Uwe Neuhaus bei der Meisterfeier und und und.
Wo anfangen, wo aufhören? Man könnte sich berauschen und so vieles aufzählen.
Einprägsame und doch scheinbar unwiederbringliche Augenblicke sind das, echte Dynamomente, von uns festgehalten, zusammengestellt, beschrieben und eingeordnet auf den folgenden gut hundert Seiten. Im Auftrag der Sächsischen Zeitung begleiten wir die Schwarz-Gelben, sind bei fast allen Spielen dabei und immer ganz nah dran. Der eine oben auf der Pressetribüne, der andere unten, mittendrin, sozusagen auf Augenhöhe – natürlich am Stammplatz, der linken Eckfahne am gegnerischen Strafraum.
Warum gerade dort? Weil Dynamo selten zuvor so erfrischend torgefährlich-offensiv gespielt hat wie in diesem Aufstiegsjahr 2015/2016 und sich deshalb eine Position in unmittelbarer Nähe des Dresdner Strafraums von selbst verbietet. Weil sich die an-

> Für das, was sich mit Worten manchmal nur schwer erklären lässt, reicht oft ein einziges Foto.

dere, die rechte Eckfahne im eigenen Stadion direkt vorm Gäste-Fanblock befindet und der Stammplatz konsequenterweise nach dem Seitenwechsel auch links ist. Und weil es sich offensichtlich unter den Spielern irgendwann rumgesprochen hat, dass dort einer in Hab-Acht-Stellung hockt. Im Laufe der Saison sind sie jedenfalls alle mal vorbeigekommen zum Torjubel. Angefangen mit Aosman über Testroet, Kutschke sowie Andrich bis zu Eilers, der sogar einen Kuss auf der Kamera hinterlässt, und zum Abschluss schließlich Stefaniak, auf dem sie sich wieder alle türmen.

Ausnahmsweise zivil im Stadion, ohne Block, Stift und Kamera: Tino Meyer und Robert Michael.

Es ist die Krönung einer Saison von Rekorden und Auszeichnungen. Bester Torschütze (Eilers) und Vorbereiter (Stefaniak), dazu der beste Trainer, treffsicherste Offensive (75 Tore), wenigste Niederlagen (zwei), fairste Mannschaft (62 gelbe Karten, eine gelb-rote), höchster Zuschauerschnitt (27.500), zweimal Tor des Monats (Testroet im Februar, Eilers im März) – die Liste ließe sich beliebig fortsetzen.
Am Ende steigen die Dresdner als souveräner Drittligameister auf, bereits vier Spieltage vor Schluss ist die Rückkehr in die 2. Fußball-Bundesliga perfekt. Unterm Strich stehen 78 Punkte bei einer Tordifferenz von +40. Acht Punkte beträgt der Vorsprung auf den ersten Verfolger Aue, den Erzrivalen aus dem Erzgebirge.
Nicht minder eindrucksvoll liest sich die fotografische Statistik. Die Daten: Vier Kameras und 3.000 Auslösungen für 150 Bilder pro Spiel. Beim rauschenden Abschluss gegen die Sportgemeinschaft Großaspach sind es über 5.000 Auslösungen und mehr als 200 Bilder.
Für das, was sich mit Worten manchmal nur schwer erklären lässt, reicht oft ein einziges Foto. Euphorie, Jubel, Verzweiflung, Schmerz, Befreiung, Stolz – die Aufstiegssaison in Bildern. Momente, die in Erinnerung bleiben – Dynamomente also.

JUBELMOMENTE

DRESDEN

DER POTT UND DIE FAHNE. Ende und Anfang auf einer Doppelseite: Am 14. Mai 2016 um 16.03 Uhr ist vollbracht, was sich lange, lange angedeutet hat. Michael Hefele stemmt den Meisterpokal der 3. Liga in die Luft. Rund achteinhalb Kilogramm wiegt das gute, 63 Zentimeter große Stück. Wert: 40.000 Euro. Für Kapitän Hefele unbezahlbar. „Mein Baby, den nehm' ich mit nach Hause", kündigt er selbstbewusst an. Wird natürlich nichts draus. Der Silberpott steht inzwischen in einer Vitrine der Geschäftsstelle.
Ein echter Ehrenplatz also, den sich nach dieser Saison eigentlich auch die Eckfahne mit Dynamo-Emblem verdient hätte. Pascal Testroet hat sie nach seinem Siegtreffer im Derby gegen Chemnitz im September 2015 zu einem wichtigen Detail der Aufstiegssaison gemacht. Denn mit seinem Jubel hat sozusagen alles begonnen. Nicht konkret für Dynamo, denn es ist bereits der siebente Spieltag und die Mannschaft längst Tabellenführer. Doch das Tor ist der Durchbruch für Neuzugang Testroet und irgendwie auch für den Fotografen. Die Sache mit der linken Eckfahne kommt ins Rollen ...

DRESDEN
erima
34
37
erima

erima
Feldschlößchen

DRESDEN
11
15

IM TREND. Ist das schön?! Zu den neumodischen Farben der Fußballschuhe kann man ja stehen, wie man will. Wenn sich 15 Männer in den Armen liegen und mit ihren Fans den nächsten Sieg feiern, gibt es jedoch keine zwei Meinungen – und zudem einen guten Einblick, was gerade angesagt ist. Gilt übrigens auch fürs Jubeln. Hier die neuesten Modelle: die eingesprungene Modica-Faust, der umarmte Eilers-Beifall und der energisch-aggressive Aosman-Kick.

ALLES IST ERLAUBT. Nach dem letzten Spiel einer solchen Saison kann man sich einfach nur in den Armen liegen. Es ist die Zeit für warme Worte und ein Stück weit auch Wehmut. Selbst der Kuss für den Trainer ist erlaubt – aber nur, wenn es sich wie bei Michael Hefele ums letzte Spiel im schwarz-gelben Dress handelt. Anders verhält es sich beim Trainer. Der darf immer alles, wie Uwe

Neuhaus zeigt. Dabei hat Marvin Stefaniak, den er nach dem Abpfiff überfallartig unter sich begräbt, lediglich alle drei Treffer beim 3:2-Erfolg gegen Halle vorbereitet. Eine seiner leichtesten Übungen ... Am Ende sind es 19 dieser sogenannten Assists, weshalb ihn Neuhaus abschließend auch noch einmal besonders herzt.

ÜBERMUT TUT GUT. Marvin, komm' und tanz' mit mir, beide Hände reich' ich dir ... Vielleicht täuscht der Eindruck, doch die Freude nach gewonnenen Ostduellen, um den inzwischen inflationär gebrauchten Begriff Derby zu vermeiden, wirkt immer einen Tick ausgelassener als sonst. Wobei so viel Begeisterung in diesem konkreten Fall auch verständlich, ja geradezu notwendig ist. 2:0 haben sich die Dresdner soeben bei Energie Cottbus durchgesetzt. Es ist der 32. Spieltag – und der Aufstieg nur noch einen Sieg entfernt. Da kann man schon mal aus der Reihe tanzen.

KUTSCHKE MACHT'S VOR. Als Stürmer lässt es sich gut jubeln, wie das Beispiel Stefan Kutschke zeigt. Am besten macht man den Treffer natürlich gleich selbst (oben) – oder ist eben ganz vorne dabei, um den Torschützen zu herzen. Für Abwehrspieler ist das Unterfangen ungleich schwerer. Während Kutschke längst ausflippt, ist die Viererkette mit Niklas Kreuzer, Giuliano Modica, Michael Hefele und Fabian Holthaus noch unterwegs (unten). Kleiner Trost für die Verteidiger: Auf dem Titelbild dieses Buches sind sie am besten zu erkennen.

erima
Feldschlößchen

PACO. Mit Superlativen ist das so eine Sache. Wer Pascal Testroets erste Saison in Dresden aber als perfekt bezeichnet, liegt so weit nicht daneben. Findet selbst der Angreifer. Zwischen Torjäger Eilers und Topvorbereiter Stefaniak ist es zwar schwierig zu glänzen, doch der gebürtige Münsterländer, den sie Paco nennen, schafft es immer wieder. Testroet und Tore – es ist eine der prägendsten Geschichten dieser Dynamo-Saison. Sein erstes erzielt er am dritten Spieltag. Es ist der Führungstreffer gegen Erfurt und eine offensichtliche Befreiung, nachdem er in den Partien zuvor nur eingewechselt wurde (Seiten 18/19). Ein besonders schönes folgt in der Rückrunde, was auch die besondere Freude erklärt (oben). Den Fallrückzieher gegen Mainz wählen die Zuschauer der ARD-Sportschau später zum Tor des Monats Februar. Noch wichtiger ist allerdings der Schuss in den Winkel des Cottbuser Tors im Saisonendspurt, was allein schon die Tatsache beweist, dass er oben ohne jubelt. Testroet trikotlos – das gibt's nur selten.

FESTE REGELN. Den Spruch mit den dicken Eiern, die man als Fußballer in entscheidenden Situationen braucht, kennen sie natürlich auch bei Dynamo – und machen sich einen Spaß daraus. Der Griff an die Hose des Mitspielers gehört spätestens in der Rückrunde zu den Ritualen nach Toren. Genauso wie die stehenden Ovationen für Justin Eilers. Es ist die Partie gegen Wehen Wiesbaden, also das erste Spiel nach der Bekanntgabe seines Wechsels zu Werder Bremen – und ein Fingerzeig für die ungebrochene Popularität des Torjägers, den sie in Dresden zum Fußballgott erklärt haben.

DYNAMO
DRESDEN

3. LIGA
erima
DRESDEN
Feldschößchen

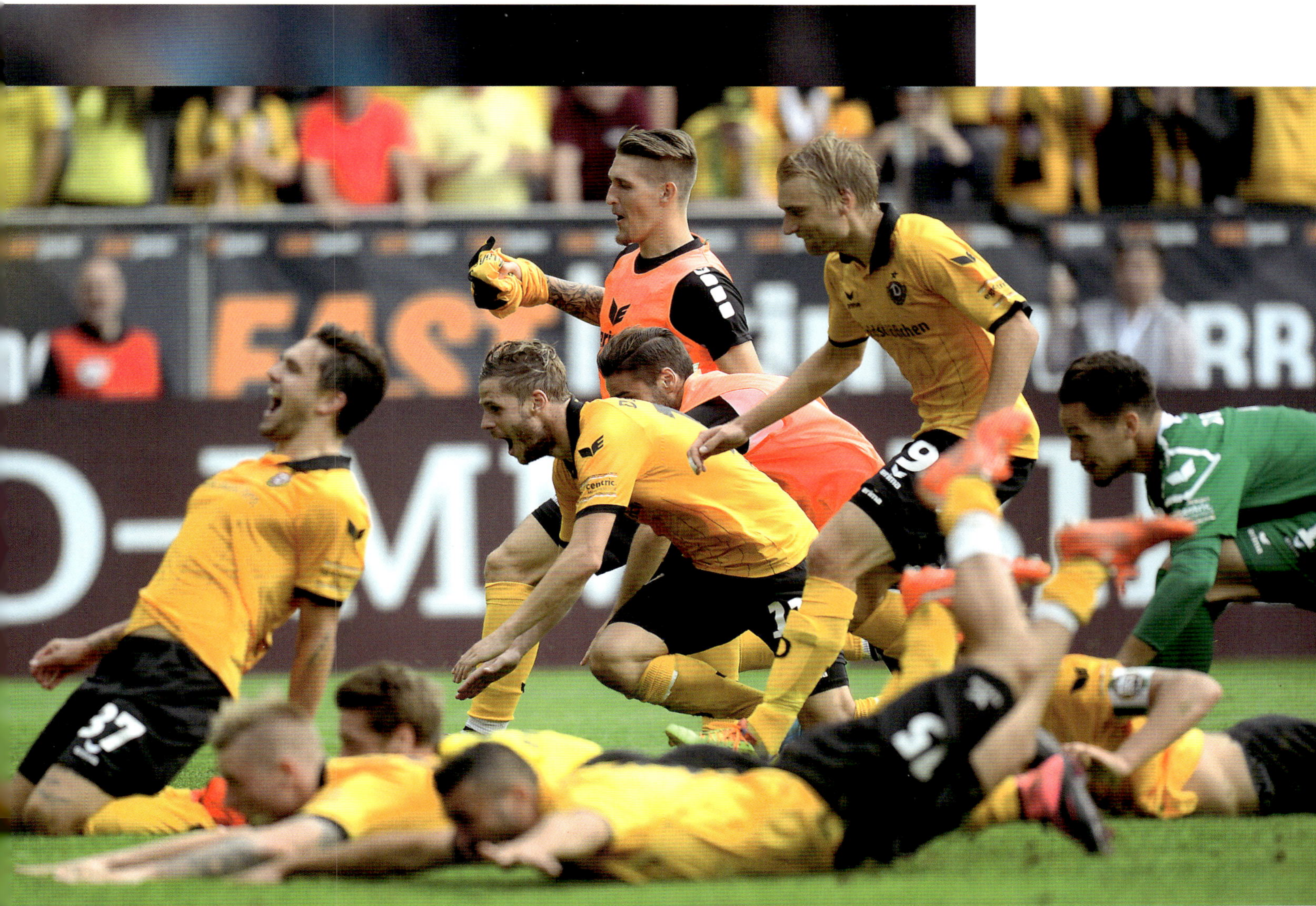

TEAMGEIST. Stolz ist er auf seine Burschen. Michael Hefele betont das immer wieder, und er hat auch allen Grund. Nicht nur, weil sie tun, was der Kapitän sagt. Sondern weil Zusammenhalt und Teamgeist in diesem schwarz-gelben Jahrgang mehr als leere Worte sind.

erima
Feldschlößchen

HEFELES PRANKE. Die Kralle ist sein Zeichen und steht symbolhaft fürs Lieblingstier des Ur-Bayern, den Löwen. Was natürlich kein Zufall ist. Der König der Tiere findet sich im bayrischen Wappen wieder, im sächsischen des frühen 20. Jahrhunderts ebenfalls und auch im Dresdner. Eine passende Gemeinsamkeit, findet Michael Hefele,. der mit der Kralle auch den unbedingten Siegeswillen verbindet. Nach jedem seiner sieben Tore zeigt er sie und auch zum Abschied mit dem Meisterpokal – also der echten Trophäe. Das Pappimitat aus der Bundesliga hatte es von den Fans schon Wochen vorher gegeben.

DREWAG DREWAG
11
EILERS
7
DRESDEN
4
MODICA

SERVUS. Der letzte Spieltag ist ein besonders emotionaler, wehmütiger, vor allem für Michael Hefele. Er verlässt Dynamo – nicht aber, ohne sich gebührend zu verabschieden: mit Jubelschrei, inniger Umarmung für Justin Eilers und Bierdusche für den Trainer. Glück hat der Fotograf. Wäre das Glas über Uwe Neuhaus nicht schon leer gewesen, dann …

erima
3. LIGA

erima

erima
Feldschlößch

erima

erima
Feldschlößchen
DRESDEN

3. LIGA
erima

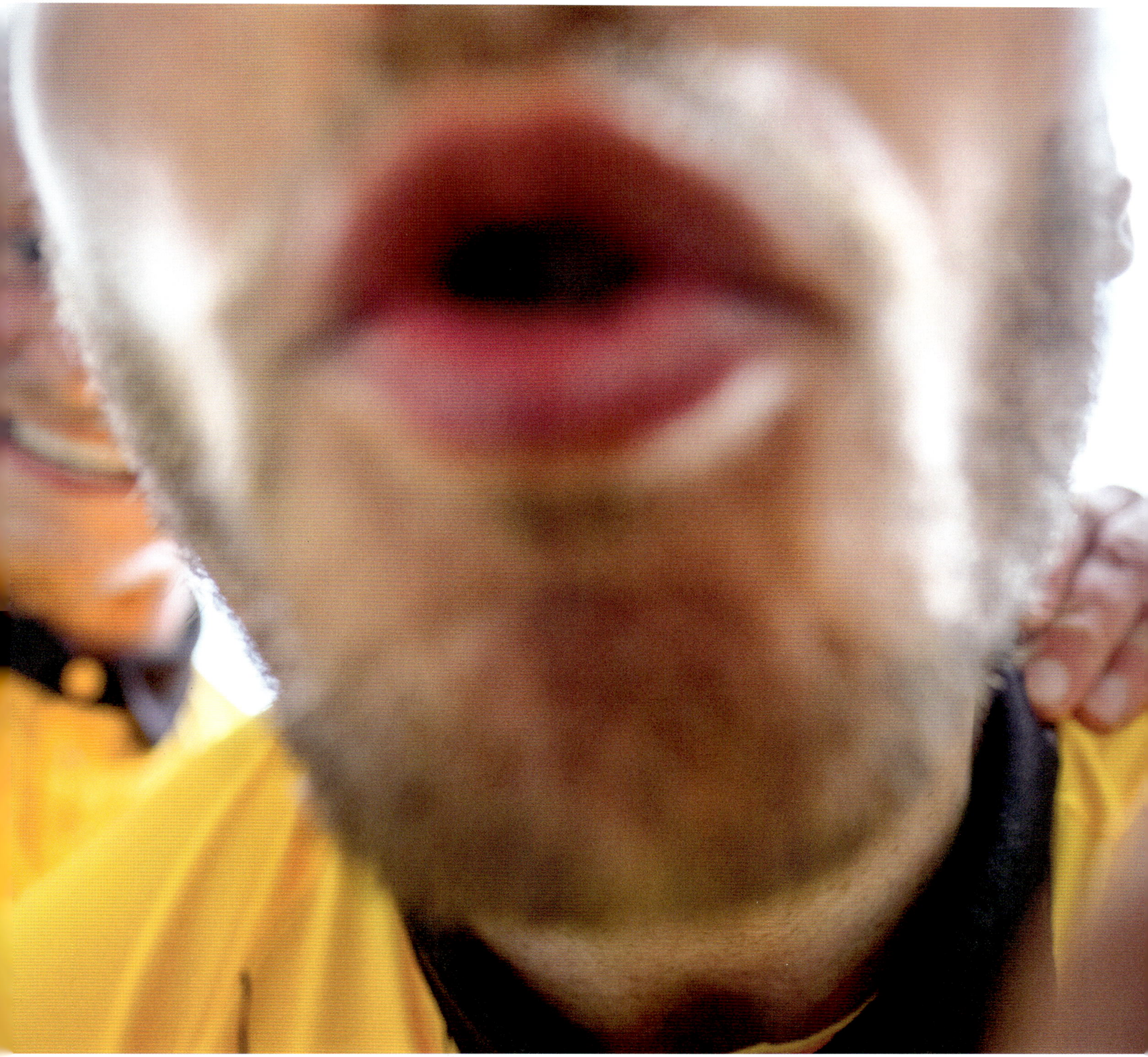

SORRY! Auch Justin Eilers verlässt Dresden. Sein Kuss auf die Linse ist aber kein Abschiedsgruß, sondern eine Entschuldigung. Nach seinem Hackentor gegen Rostock, dem späteren Tor des Monats März, hatte er dem Fotografen voller Übermut die Eckfahne vor die Kamera geknallt. Die Szene sorgt bundesweit für Aufsehen, ARD und MDR berichten – über das Tor selbstverständlich auch.

SPIELMOMENTE

0:0
NOSSEN
1. Liga im Büro
Kurzurlaub.de
ONLINECASINO.DE
BELGERN
Radeberger Lachsschinken

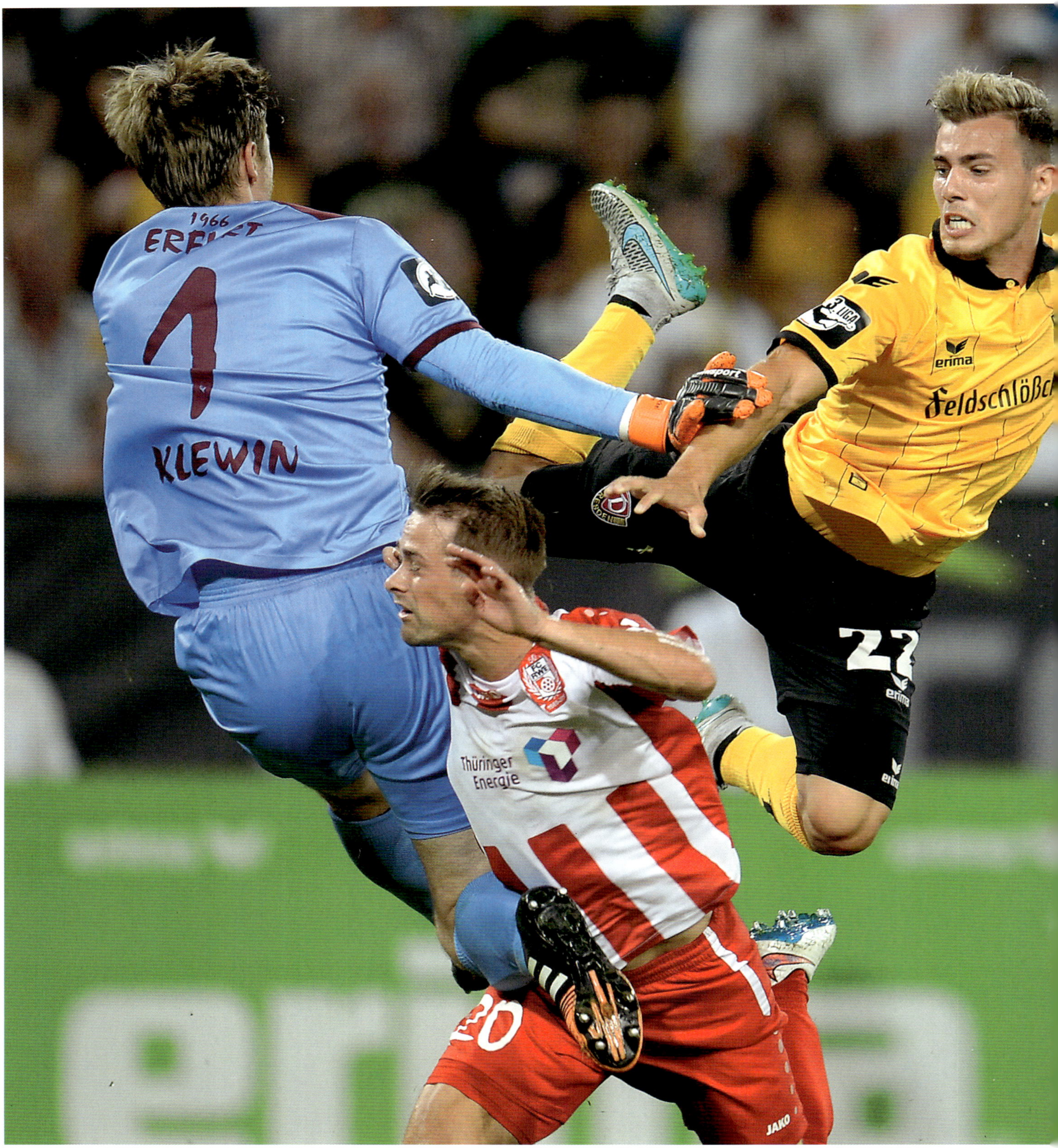
KLEWIN
Thüringer Energie
erima

AUFFÄLLIG. 19 Mal läuft Sinan Tekerci in der Aufstiegssaison auf, was für sein Dafürhalten viel zu wenig ist. Wenn er aber auf dem Platz steht, fällt er auf. Weniger mit Toren, denn sein 1:0 nach 63 Sekunden gegen Aalen ist zwar das schnellste der Saison, allerdings auch sein einziges; dafür umso mehr mit bisweilen spektakulären Zweikampfszenen. Die Flugeinlage gegen Erfurt gehört unbedingt dazu.
Bei Pascal Testroet verhält sich die Sache anders. Ein erster Höhepunkt seines besonderen Jahres ist der Ehrentreffer beim 1:3 im Benefizspiel gegen Bayern München. Da kann selbst ein Weltstar wie David Alaba nur zuschauen.

Feldschlößchen
PREMIUM FENSTE

egocentric
erima

Feldschlößchen

MILLIMETER-ENTSCHEIDUNG. Es ist zum Schreien. 91 Minuten und 49 Sekunden sind gegen Kiel gespielt, als Winzigkeiten über den weiteren Tagesverlauf an jenem 9. April 2016 entscheiden. Die Schulter von Tim Väyrynen weiter rechts, die Krabbel-Einlage von Pascal Testroet einen Moment eher, der Schuss von Andreas Lambertz den Tick schärfer oder der Torwart der Gäste und sein Abwehrchef nicht ganz so reaktionsschnell. Es hätte die Krönung werden können, sollen, müssen. Doch das Tor fällt nicht – und die Aufstiegsparty deshalb an diesem Tag aus.

Seiten 36/37:
HÄRTEN DES ALLTAGS. Auch wenn in dieser Saison alles so leicht aussieht, erfordert sie vollen Einsatz – wie Justin Eilers sowie Giuliano Modica und Stefan Kutschke jeweils gegen die zweite Mainzer Mannschaft beweisen. Und während mancher Verein jahrelang mit einem Torhüter auskommt, braucht Dynamo diesmal gleich vier. Während Janis Blaswich (oben rechts) trotzdem die unumstrittene Nummer 1 ist, entpuppt sich der bei seinem Profi-Debüt gegen Münster erst 17-Jährige Markus Schubert (unten links) als Versprechen für die Zukunft.

GROSSES SCHAUSPIEL. Freistöße sind die Bühne für Marvin Stefaniak. Aktionen, die er fast schon zelebriert. Ball hinlegen, Stutzen gerade rücken, den Rasen tätscheln, nachdem der Schiedsrichter die Linie gesprüht hat, drei, vier Schritte anlaufen. Und wenn dann alles passt, wird daraus eine Vorlage oder im Idealfall wie im Spiel gegen die Stuttgarter Kickers ... Ergebnis nächste Seite.

VIELSEITIG. Sinan Tekerci wieder. Dass der Fanliebling der Vorsaison selten spielt, ist tatsächlich überraschend, wo er doch rasend schnell unterwegs ist und im Duell mit dem Chemnitzer Philip Türpitz auch die Kunst des verbalen Nahkampfs beherrscht.

GIB FÜNF. Ihre Mienen sind ein Trauerspiel. Aber warum eigentlich? Nach dem Auswärtssieg in Cottbus ist der Aufstieg nah wie nie. Während sich in das Gesicht von Ralf Minge mit viel gutem Willen etwas Zufriedenheit deuten lässt, schaut Uwe Neuhaus wie soeben abgestiegen. Nur ihre Gesten sind eindeutig: Geschafft, Alter!

BEI DER ARBEIT. Große Kulisse, packende Momente – und vier Protagonisten in typischen Szenen. Freistöße sind für Marvin Stefaniak wie Kopfbälle für Giuliano Modica – eine hervorstechende Stärke. Besonders auffällig ist zudem die Beziehung von Justin Eilers zum grünen Rasen, was weniger mit seinem etwaigen schauspielerischen Talent zu tun hat, sondern zuallererst am Einsteigen der

Gegenspieler liegt. Auf eine Zerreißprobe wollen die es ungern ankommen lassen. Doch wenn schon, dann vorzugsweise bei Andreas Lambertz. Der ist der Erfahrendste und kann im Grunde alles – bis aufs Toreschießen. Das ist nicht unbedingt sein Ding. In der Statistik stehen für ihn am Ende dennoch drei Treffer. Eigentlich unglaublich.

GUTEN FLUG! Sinan Tekerci zum Dritten, diesmal in neuer, eher passiver Rolle. In angespannter Körperhaltung lässt er die Flugeinlage von Stuttgarts Philipp Mwene über sich ergehen. Es ist der erste Spieltag, und Tekerci wird Mitte der zweiten Halbzeit eingewechselt. Da ahnt er noch nicht, dass sich an seinem Status als Reservist in den nächsten 37 Spielen wenig bis nichts ändern wird. Im Gegenteil.

FACHFRAGEN. Sieben Tore erzielt Michael Hefele in der Aufstiegssaison. Das gegen Erzgebirge Aue ist sein letztes. Statistiken, wie oft Justin Eilers gefoult wurde, existieren dagegen nicht. Dürfte auch schwer zu zählen gewesen sein. Dieser Aufprall gegen Erfurt ist einer der härtesten.

FANMOMENTE

DRESDEN

STILECHT. Elf Freunde müsst ihr sein, und ein zwölfter Mann kann in Dresden auch nicht schaden. Justin Eilers macht das Dutzend voll. Zu seinem letzten Spiel für Dynamo hat sich die Clique noch einmal aus Braunschweig auf den Weg gemacht, natürlich stilecht. Klar, dass danach Party angesagt ist. Zumal der Purobeach längst reserviert ist, in weiser Voraussicht und passenderweise außerdem. Denn im Szeneclub an der Elbe hat quasi alles angefangen, Eilers' Dynamo-Zeit mit den prägenden Momenten nach Einbruch der Dunkelheit, die mit Fußball nicht viel zu tun haben. Was hat er dort in den knapp zwei Jahren nicht alles gefeiert.

INBRÜNSTIG. Hand aufs Herz, über Dynamos Fans geht nichts. Auch sie verlassen die 3. Liga mit einem Rekord. Mehr als eine halbe Million Zuschauer bei einem Verein in einer Saison hat es in dieser Klasse noch nie gegeben. 523.329 sind es bei den 19 Heimspielen ganz genau gewesen, also 27.543 pro Spiel. Der Ligaschnitt liegt bei etwa 7.000. Für den Vereinsrekord reicht der Andrang aber nicht. In der DDR-Oberliga-Saison 1977/78 haben durchschnittlich 30.230 Zuschauer die 13 Heimspiele auf dem Weg zum dritten Meistertitel hintereinander verfolgt.

erima
erima
DRESDEN

K-BLOCK, KRALLEN, KORKEN. Michael Hefeles typische Geste steckt an, wie Pascal Testroet, Stefan Kutschke und Justin Eilers bei ihrer Stippvisite im K-Block zeigen. Am letzten Spieltag ist nun mal alles erlaubt, was auch Uwe Neuhaus beweist. Den großen Schluck aus der noch größeren Pulle der Fans genehmigt er sich ausnahmsweise gern. Bleibt die Frage, wie es die Glasflasche bis ins Stadioninnere geschafft hat. Auf der Stehplatztribüne wird ja eigentlich Bier aus Plastikbechern bevorzugt.

Seiten 54/55:
BLICKFANG. Wissen wirklich alle, was gerade passiert ist? Leise Zweifel sind durchaus angebracht. Altersklassenübergreifend sind immerhin deutliche emotionale Unterschiede auszumachen. Fakt ist, dass Dynamo in Cottbus gewonnen hat, nun noch ein Sieg zum Aufstieg fehlt und die Zuschauer in der Lausitz jubeln – jedenfalls sofern sie Fans der Schwarz-Gelben sind und die nötige Reife mitbringen. Bei Michael Hefele gibt es da keine zwei Meinungen. Auch er reckt die Arme in die Luft.

ts-personaldienstleistung.de

meinschaft
Dresden
FANCLUB
PROHLIS
RADIO SACHSEN
Das Sachsenradio
EDI.SON EDI.SO EDI

STAUNEN. Es ist der Moment der Momente, mindestens für die Ultras Dynamo. Am 31. Oktober 2015 vollenden sie sozusagen ihr Lebenswerk. Die größte Blockfahne außerhalb Südamerikas, so verkündet es der Verein danach nicht minder stolz, macht das Heimspiel gegen Magdeburg schon vor dem Anpfiff zu einem außergewöhnlichen Ereignis. 35 Meter hoch, 350 Meter lang, 12.250 Quadratmeter Fläche, 851 Tage Vorbereitungszeit, über 25.500 Euro Herstellungskosten, finanziert durch Spenden von Fans und den Verkauf von Fan-Artikeln – das sind die Zahlen zur Choreografie, die weltweit für Schlagzeilen sorgt. Es ist das Bild des Dynamo-Jahres 2015.

RAUNEN. Etwas weniger aufwändig und doch fast genauso eindrucksvoll: Aus rund 30.000 gelben, schwarzen und ein paar weißen Blättern entsteht die Choreografie am letzten Spieltag. Es ist der Abschluss einer auch für die Fans denkwürdigen Saison mit vielen Höhepunkten – und negativen Begleiterscheinungen. Mehr als 10.000 Euro an Geldstrafen muss der Verein für das Fehlverhalten von Fans zahlen, die Dynamo zugerechnet werden, bei Auswärtsspielen randalieren und immer wieder gern auch Pyrotechnik zünden (Seiten 58/59). Das (Image-)Problem bleibt.

WUCHTIG UND SENSIBEL. Immer größer und verdammt nah. Dynamos Fans haben ein feines Gespür für die sportliche Situation, meistens jedenfalls. Ein Heimsieg gegen Rostock und der Aufstieg ist so gut wie perfekt. Doch am Ende steht es wie am Anfang: unentschieden.

GRÖßER, GRÖßER UND GRÖßER!
Feldschlößchen
Das Sachsenradio
EDI.SON EDI.SON EDI.SON

GESEGNETES FEST. Der K-Block wünscht frohe Weihnachten, und zur besinnlichen Zeit passt der Jubel von Justin Eilers. Mit beiden Händen zeigt er nach seinem Siegtor gegen Würzburg in den Abendhimmel. Es ist der Dank an den Pastor, den er zwei Tage zuvor beim Frühstücken getroffen hat – und der ihn, den bekennenden Atheisten und zuvor fünf Spiele ohne Tor gebliebenen, segnet. Anscheinend, so Eilers' Interpretation, habe es Gott gewollt, dass ihm der Ball vor die Füße fällt und er wieder trifft. Halleluja!

UND EIN
Das Sachsenradio
RADIO SACHSEN
erima

VANDALS
WANTED
K BLOCK
SGD
ULTRAS
LOS
JETZT
HIER
DRESDEN

DES FREISTAATS GRÖSSTE SCHANDE,
IST WISMUT A*ES VERSTRAHLTE BANDE!
SGD SUPPORTERS BAUTZEN
Das Sachsenradio

mdr
Das Sachsenradio

JETZT

KOLLEKTIV MITREISSEND. „Wer nicht hüpft, ist Magdeburger. Hey, hey!“ Es ist die Hymne der Saison, und das ganze Stadion macht mit. Selbst den Fotografen hält es da kaum noch am Boden. Unschärfen könnten das Resultat sein, sind aber gewollt. Künstlerisch wertvoll also.

Seiten 66/67:
SCHWEINISCH GUT. Schau mal, wie schön das hier ist! Kriegst du nie wieder zu sehen. Sagt Michael Hefele zu den Kindern, die ihn am letzten Spieltag gegen Großaspach aufs Spielfeld begleiten. Das Einlaufen ins vollbesetzte Stadion ist in Dresden immer einer der Gänsehautmomente, die Stimmung unvergleichlich. Und gegen den Erzrivalen einfach nur saustark.

FRUSTMOMENTE

DRESDEN
11

SCHMERZHAFT. Aua, das tut weh – wie Pascal Testroet schmerzhaft feststellt. Auch solche Momente gibt es in einer Saison der Rekorde, von denen sie sich einige schwer erkämpfen müssen.

PROVOKANT. Vom Drecksspiel zu sprechen ist gar nicht so abwegig. Das Trikot von Justin Eilers im Sachsenpokal-Viertelfinale legt den Verdacht zumindest nahe (Foto links). Doch Michael Hefele (im Tornetz) setzt nach dem mühsamen Sieg bei Regionalligist Auerbach noch einen drauf. Das Spielfeld beschreibt er als Spargelacker und schwört, sogar einen grünen Stengel gesehen zu haben.

erima
DRESDEN
Feldschlößchen

MIENENSPIEL. Er ist nicht selten einer der Gefrustetsten inmitten glücklicher Dynamos. 23 Tore erzielt Justin Eilers in dieser Saison, bei etwas konsequenterer Chancenverwertung hätten es jedoch gut und gerne 30 sein können. Das weiß er selbst – sehr zur Schadenfreude des Gegners, wie im Kiel-Spiel, als ein Tor zum noch zeitigeren Aufstieg fehlt (Seiten 74/75). Ein Grund für zusammengepresste Lippen oder besorgte Blicke ist das eigentlich nicht. Dennoch sieht man Ralf Minge und Uwe Neuhaus erst dann wirklich entspannt, als auch rechnerisch alles klar ist.

STIMMUNGSBILDER. Wieder ist es der Sachsenpokal in Auerbach, der diese Momentaufnahme liefert. Fast schon konsterniert steht Uwe Neuhaus im Regen. 0:0 nach 90 nasskalten Minuten gegen einen Viertligisten - den Ausflug ins Vogtland hatte er sich anders vorgestellt. Dass Entsetzen viele Gesichter hat, zeigen auch Pascal Testroet, Quirin Moll, Aias Aosman und Mathias Fetsch.

Wobei der Grund immer ein anderer ist. Testroet verarbeitet die Nullnummer in Großaspach (links oben), Moll hadert nach der ersten Saisonpleite gegen Cottbus (rechts oben). Eine vergebene Chance ärgert Aosman (links unten), während Fetsch beim ersten 90-Minuten-Einsatz nach seinem Kreuzbandriss feststellt, dass Training und Spiel doch verschiedene Dinge sind (rechts unten).

AUFSTIEGSMOMENTE

erima
EINEN TRAUM
2016

DRAMATISCHE MINUTEN. Das Tor zum 2:2-Endstand in Magdeburg hat turbulente Folgen. Mit Justin Eilers' Ausgleich in der 67. Minute ist der Aufstieg am 16. April 2016 zum Greifen nah – und die Emotionen kochen über. Die Spieler rasten aus, die Zuschauer im Dynamo-Fanblock auch, einige allerdings auf ihre ganz eigene Art. Rauchbomben und Nebelkerzen fliegen. Pascal Testroets Appell, den Kopf einzuschalten, hilft wenig. Das Spiel steht kurz vor dem Abbruch. Die Situation droht zu eskalieren, als sich Ordner mit Ralf Minge anlegen, den sie wegen seiner legeren Kluft für einen Dynamo-Fan halten.

taxofit

erima
Feldschlößchen

GENIESSER. Wirklich offiziell ist es um 16.02 Uhr. Abpfiff, Aufstieg – und ein Augenblick zum Innehalten für Sport-Geschäftsführer Ralf Minge. Er hat den Neuanfang nach dem Abstieg 2014 eingeleitet. Knapp zwei Jahre später steht die Rückkehr in die 2. Bundesliga fest, die zum großen Teil sein Verdienst ist, auch wenn sie auf dem Rasen von anderen vollendet wird. Von Justin Eilers und Pascal Testroet natürlich oder auch von Marvin Stefaniak sowie Stefan Kutschke.

erima
AUFSTEIGER
ICH HATTE EINEN TRAUM
2016

AUFSTEIGER
ICH HATTE EINEN TRAUM
2016

NA UND? WIR FEIERN TROTZDEM! Ein Hoch auf Uwe Neuhaus. Die Fans wissen genau, bei wem sie sich zu bedanken haben (Seiten 86/87 sowie links oben). Auf einem Platz hinterm Magdeburger Stadion nimmt eine lange Partynacht ihren Anfang. Dass es schönere Orte gibt und die Umstände in Magdeburg noch ein Nachspiel haben, kann die Feierlaune nicht bremsen.
Das beweisen die Aufsteiger auch noch einmal in den Katakomben: Ein Ordner will Stefan Kutschke verbieten, für zwei Flaschen Mineralwasser den Pressekonferenzraum zu entern. Er und seine Mitspieler singen ihn nieder (Seite 89).

DRESD

ANKUNFT UND ABSCHUSS. Nach dem Eintreffen in Dresden gibt es kein Halten mehr. Schon auf der Heimfahrt wurde im Mannschaftsbus ausgiebig gefeiert, gesungen, getrunken - und nun auch getanzt. Fabian Müller lässt in der Mixed-Zone, wo sonst Interviews geführt werden, den Korken knallen. Es ist so etwas wie der offizielle Startschuss – und für Zeugwart Maik Hebenstreit der Moment für einen kräftigen Schluck. Und zwar vermeintlich unbeobachtet hinter Ralf Minge, der sich ebenfalls ein Kaltgetränk gesichert hat.

erima
erima

ELBE-POWER-DIE MACHT AUS SACHSEN
1.FC. DYNAMO DRESDEN
RUDOLF-HARBIG-STADION-DRESDEN

AUFSTEIGER

GEFÜHLS-CHAOS. Mitreißende, innige, hoch emotionale Szenen im Überfluss erleben über 10.000 Fans beim Public Viewing samt anschließender Party im DDV-Stadion. Und doch sei es ein Aufstieg mit gemischten Gefühlen, teilt Dynamo am Tag darauf mit und spricht von „vermummten, gewaltbereiten, asozialen Hohlköpfen". Binnen weniger Minuten stören sie die familiäre Feier und zerstören den Augenblick für viele, die stundenlang geduldig auf ihre Helden gewartet hatten.

MOMENT**MAL**

DRESDEN
4
DRESDEN
16
erima

SONNIGE AUSSICHTEN. Ob sie da schon ahnen, was für ein Jahr ihnen bevorsteht? Mit Sonnenbrillen und guter Laune präsentieren sich die Spieler beim offiziellen Fototermin vorm Saisonstart. Es ist das Bild, das sie durch die Saison begleitet - oder im schlimmsten Fall ein Leben lang verfolgt. Entsprechend aufwendig ist die Vorbereitung, auch bei Andreas Lambertz. Er muss wie alle kleinen

Großen in der ersten Reihe Platz nehmen und zwar ganz rechts, meint aber, dass er mit seinen 1,72 Meter neben dem satte drei Zentimeter größeren Fabian Müller etwas abfällt. Doch er findet zwei Bretter, die als Unterlagen vorgesehen sind – und zweckentfremdet sie spontan als Sitzkissen.

WER DRITTER IST,
WILL ERSTER WERDEN.
1953
3. LIGA
ZEIGT'S UNS!

DRESDEN
11
DRESDEN
37
TESTROET
DRESDEN
4
MODICA
DRESDEN
16
J.P. MÜLLER

RÜCKGRAT ZEIGEN. Es ist eben doch alles eine Frage der Haltung, demonstriert Michael Hefele und muss am Ende selbst Justin Eilers eingestehen. Lange Zeit hat er den Coolen, Unnahbaren gegeben. Geweint habe seine Mutter, als sie von seinem Wechsel zu Werder Bremen erfahren hat. Eilers doch aber nicht – bis bei seiner Verabschiedung am letzten Spieltag zwei, vielleicht sogar drei Tränen übers Gesicht rollen. Emotional ist der Tag offenbar für alle - auch für die guten Seelen des Vereins. Die Bezeichnung klingt kitschig, von den Männern im Hintergrund zu sprechen, aber zu unterkühlt. Dann vielleicht so: Ohne sie läuft nicht viel. Während Uwe Strigl seinen Abschied als selbsternanntes Tafelmännchen feiert, weil in der zweiten Liga wieder der vierte Offizielle den Job übernimmt, ist Maik Hebenstreit auch auf dem nächsten Mannschaftsfoto zu sehen. Der Zeugwart geht in seine sechste Saison.

ZWEI MÄNNER, EINE ERKENNTNIS. Unfassbare Stärke hat Dynamo bewiesen. Finden nicht nur Pascal Testroet, der zugleich sein Aufstiegstattoo präsentiert, sowie Cheftrainer Uwe Neuhaus, dem jegliche ausladende Gesten eigentlich fremd sind. Genauso wie Ralf Minge, den die Spieler am Ende zum „Godfather" küren, also zum Paten der SGD. Passt irgendwie (Seiten 104/105).

TRAUER. Sie können auch anders – mitfühlend, solidarisch, ganz leise. Ein fast schon beklemmender Moment ist die Gedenkminute für Anneli-Marie direkt vor dem Ostduell gegen Halle am 26. August 2015. Zwei Wochen zuvor war die 17-jährige Schülerin in Robschütz bei Meißen entführt und getötet worden.

R.I.P. In stiller Trauer nimmt der K-Block Abschied von einem der seinen. Während des Heimspiels gegen Wehen Wiesbaden eine Woche nach dem Aufstieg erleidet ein 57-Jähriger auf der Stehplatztribüne einen Herzstillstand, wird umgehend reanimiert, versorgt und ins Krankenhaus eingeliefert. Doch jede Hilfe kommt zu spät, wie der Verein erklären muss und inmitten der überbordenden Euphorie mitteilt: Ruhe in Frieden, Dynamo-Fan.

ZEUGNIS. Fast schon könnte man sie als eingespieltes Team bezeichnen, die Spieler und den Fotografen. Sie sind die Protagonisten dieses Buches. Das Foto zum Abschluss ist also so etwas wie ihr gemeinsamer Arbeitsnachweis – und zeigt Justin Eilers' Kamera-Kuss von Seite 31 aus anderer Perspektive.

Mein Dank geht an Franzi & Fritz, Romy Werner, Tino Meyer, Torsten Mix, Enrico Bach, Pascal Testroet, Henry Buschmann, Sächsische Zeitung, Nikon & Fuji.